TRICK 17

SCHWANGERSCHAFT & BABY

SUSANNE PYPKE

INHALT

VORWORT

Irgendwann ist es soweit – und das Abenteuer Familie beginnt. Eins ist klar: Die Zeit, die nun folgt, wird dein Leben ordentlich auf den Kopf stellen. Gute Vorbereitung ist jetzt alles, sollte man meinen. Doch wenn dein Babybauch immer runder wird und du nicht mehr in deine Kleider passt, wenn dein Kind einfach nicht einschlafen will oder wenn die ersten Zähnchen Kummer bereiten, dann ist guter Rat oft teuer. Wie gut, dass es für all diese Probleme und Herausforderungen Lösungen gibt, die nicht gleich das ganze Geld oder deine kostbare Zeit auffressen! Improvisation ist die hohe Kunst – das weiß ich seit der Geburt meiner Kinder. Schlaue Tricks und raffinierte Kniffe kann man einfach nie genug auf Lager haben! Wie schaffe ich es mit dickem Babybauch Gegenstände aufzuheben? Wie wasche ich das Shampoo aus den Haaren, ohne dass mein Kind protestiert? Und wie bekomme ich die Grasflecken aus der Lieblingshose heraus? In diesem Buch findest du 111 Ideen, die dein Leben während der Schwangerschaft und mit Baby erleichtern. Viele haben mir selbst geholfen – bei manchen wäre ich froh gewesen, hätte ich sie früher gekannt! Lass dir von den Hacks in diesem Buch unter die Arme greifen und dich zu eigenen kreativen Lösungen inspirieren. Ich wünsche dir Gelassenheit und einen guten Start ins Familienglück!

Susanne Pypke

GESUNDHEIT

UND

Wohlbefinden

Eine Runde Schwimmen lindert Ödeme in den Beinen.

Sich selbst und seinem Baby mit der täglichen Pflege etwas Gutes tun – das ist wahres Glück auf Erden. Hier findest du praktische Tipps für das tagtägliche Pflegeritual, aber auch kleine Kniffe, die ganz schnell deine Batterien wieder aufladen und das Wohlbefinden während der Schwangerschaft steigern. Und wenn sich der süße Fratz als Pflegemuffel entpuppt, hat dieses Kapitel auch dafür ein paar Tricks parat. Das tut dann beiden gut – Mutter und Kind.

Schneide eine frische Ingwerknolle in dünne Scheiben und pack diese in einem kleinen Döschen in die Handtasche. Wenn dich eine Übelkeitsattacke überkommt, einfach eine Scheibe auf die Zunge legen und lutschen.

Bis zu 6 g Ingwer am Tag sind in der Schwangerschaft in Ordnung. Eine höhere Dosis kann wehenauslösend wirken.

2
SOS-HILFE BEI ÜBELKEIT

3 ARMVERLÄNGERUNG

Schließe Frieden mit deinem runden Babybauch und der dadurch eingeschränkten Beweglichkeit. Nimm einfach eine Greifzange, um die Reichweite deiner Arme zu verlängern. So kannst du Sachen problemlos vom Boden aufheben.

Eine Greifzange wird dir in der Schwangerschaft viele gute Dienste erweisen.

4
SICHERES ZÄHNEPUTZEN

Die Blase und der Würgereiz gehen bei schwangeren Frauen manchmal eine ungute Verbindung ein. Gehe darum immer zuerst auf die Toilette, bevor du dir die Zähne putzt.

Gegen den Brechreiz hilft auch eine Zahnbürste mit kleinerem Kopf.

5
MAMA-COCKTAIL

Alkoholfreie Drinks helfen, den erhöhten Bedarf an Wasser zu decken – und schmecken einfach lecker. Für einen Virgin Caipirinha zuerst die Enden einer Limette abschneiden, anschließend die Limette achteln und in ein Glas geben. 1–2 EL Rohrzucker hinzufügen und die Limetten mit dem Barstößel zerdrücken. Mit Crushed Ice und Ginger Ale auffüllen. Umrühren und genießen!

Ingwer und Limette sind auch gut bei leichter Schwangerschaftsübelkeit (siehe Seite 8)!

TROCKENE BABYHAUT

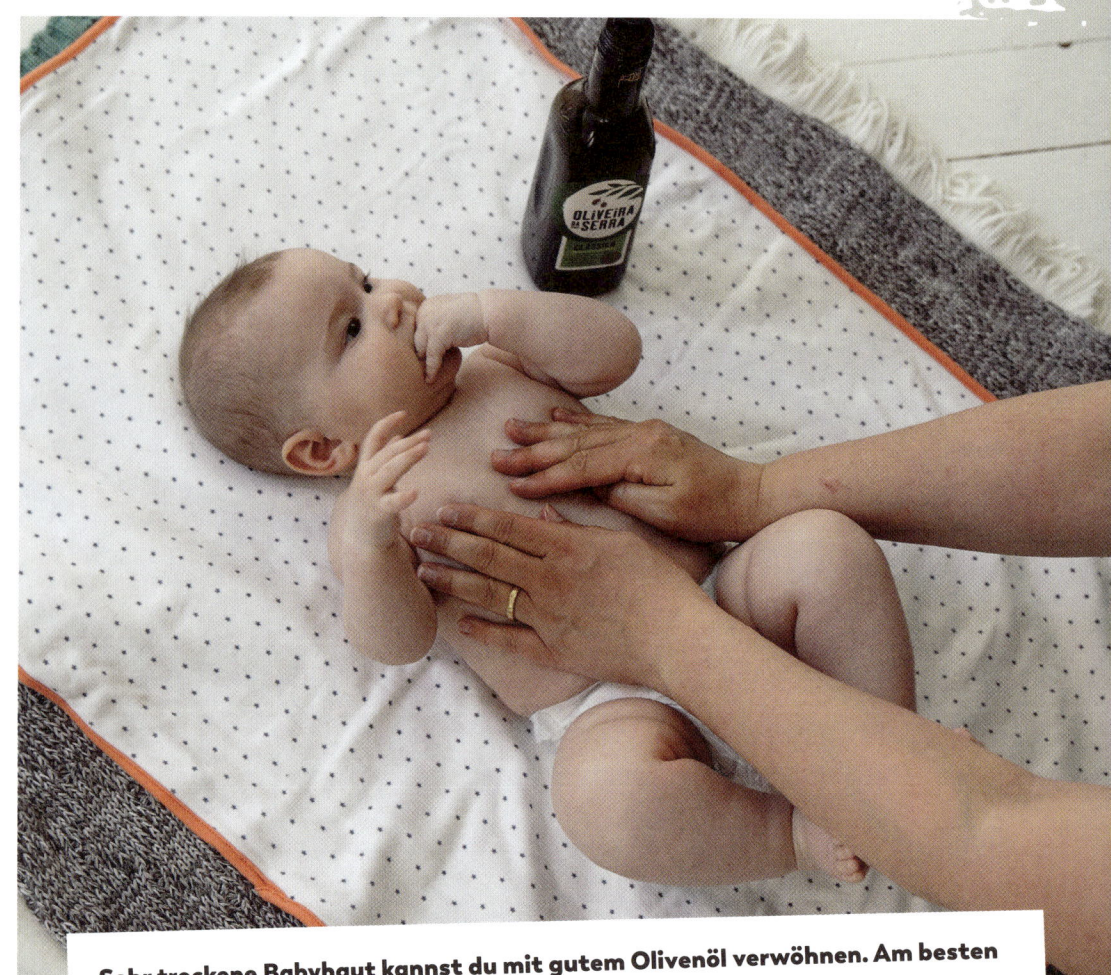

Sehr trockene Babyhaut kannst du mit gutem Olivenöl verwöhnen. Am besten wärmst du das Öl in deiner Hand etwas vor, bevor du es sanft auf die Haut deines Babys streichst. Du kannst Olivenöl auch als Badezusatz verwenden. Gib zusätzlich etwas (Mutter-)Milch oder Sahne ins Wasser, damit eine Emulsion entsteht und das Öl gut von der Haut aufgenommen werden kann.

Kinder, deren Haut mit Olivenöl gepflegt wird, sollten einmal am Tag kurz gebadet werden, am besten in klarem Wasser.

7
TIEF LUFT HOLEN

Das Atmen durch nur ein Nasenloch kann deine Energie positiv verändern. Für mehr Power: Setz dich aufrecht hin, verschließe das linke Nasenloch mit dem linken Daumen, die anderen Finger zeigen entspannt und gestreckt nach oben. Atme 26 Mal lang und tief durch das rechte Nasenloch. Für innere Ruhe: Mach die Übung seitenverkehrt und atme durch das freie Nasenloch.

Die Übung für innere Ruhe hilft auch vor dem Schlafengehen!

Wenn es ans Haarewaschen geht und die Brause angeschaltet wird, verwandeln sich selbst Wasserratten manchmal in kleine Schreimonster. Mit einer Plastikflasche lässt sich das Shampoo ganz einfach ohne Brause aus den Haaren waschen. Und damit auch wirklich nichts in die Augen geht: das Kind an einen festen Punkt an der Decke schauen lassen!

Stich Löcher in den Deckel und verwende eine Flasche als Brause.

8
HAAREWASCHEN OHNE TRÄNEN

9
BADEWANNEN-VERKLEINERER

Lege erst die neue Windel unter, bevor du die volle Windel öffnest. So geht beim Windelwechsel nichts daneben, und du musst die Wickelunterlage nicht schon wieder tauschen.

Perfekt auch für unterwegs, wenn du einmal keine Wickelunterlage zur Hand hast.

10
SAUBERER
BOXENSTOPP

11
WIE IM SCHLAF

Babys schlafen nach 20 Minuten am tiefsten. Jetzt ist die Gefahr gering, dass dein Kleines wach werden könnte. Nutze diese Zeit, um in Ruhe seine Nägel oder Haare zu schneiden oder um andere wichtige Dinge zu machen, die es nicht gerne mag.

QUARKWICKEL

12

Milchstau oder heiße, schmerzende Brust? Mach dir einen Quarkwickel, um die Beschwerden zu lindern.

1 Falte ein Blatt Küchenrolle zweimal zur Hälfte. Schneide innen ein Stück in der Größe deiner Brustwarzen ab. Die äußere Kante so abschneiden, dass ein Kreis in der Größe deiner Brüste entsteht. Mit einem zweiten Blatt wiederholen.

1

2 Einen Kreis fingerdick mit Quark bestreichen.

3 Dann den zweiten Kreis auflegen.

4 Spanne Frischhaltefolie als Trennschicht über den Wickel und lege den nächsten darauf. So hast du einen ganzen Stapel auf Vorrat. Den Teller bis zur Anwendung in den Kühlschrank stellen.
Vor der Anwendung die betroffene Brust durch Ausstreichen oder Stillen entlasten. Dann den gekühlten Quarkwickel auflegen. Wenn der Quark warm ist und nach Käsekuchen riecht, den Wickel einfach abnehmen. Solltest du Fieber bekommen oder die Brust rot werden, musst du zum Arzt.

Dicke Beine? Ein warmes Fußbad mit etwa einer Handvoll Salz wirkt entstauend und hilft, deine Ödeme verschwinden zu lassen.

Gib ein paar Murmeln in die Schale, denn das massiert angenehm deine Fußsohlen.

13

WARMES FUSSBAD

14
DEN ÜBERBLICK BEWAHREN

Nutze die Flasche, um dir zu merken, ob dein Kind die Medizin schon bekommen hat. Klebe ein weißes Etikett darauf und notiere dir darauf eine Liste zum Abhaken.

15

MEDIZIN IM SCHNULLER

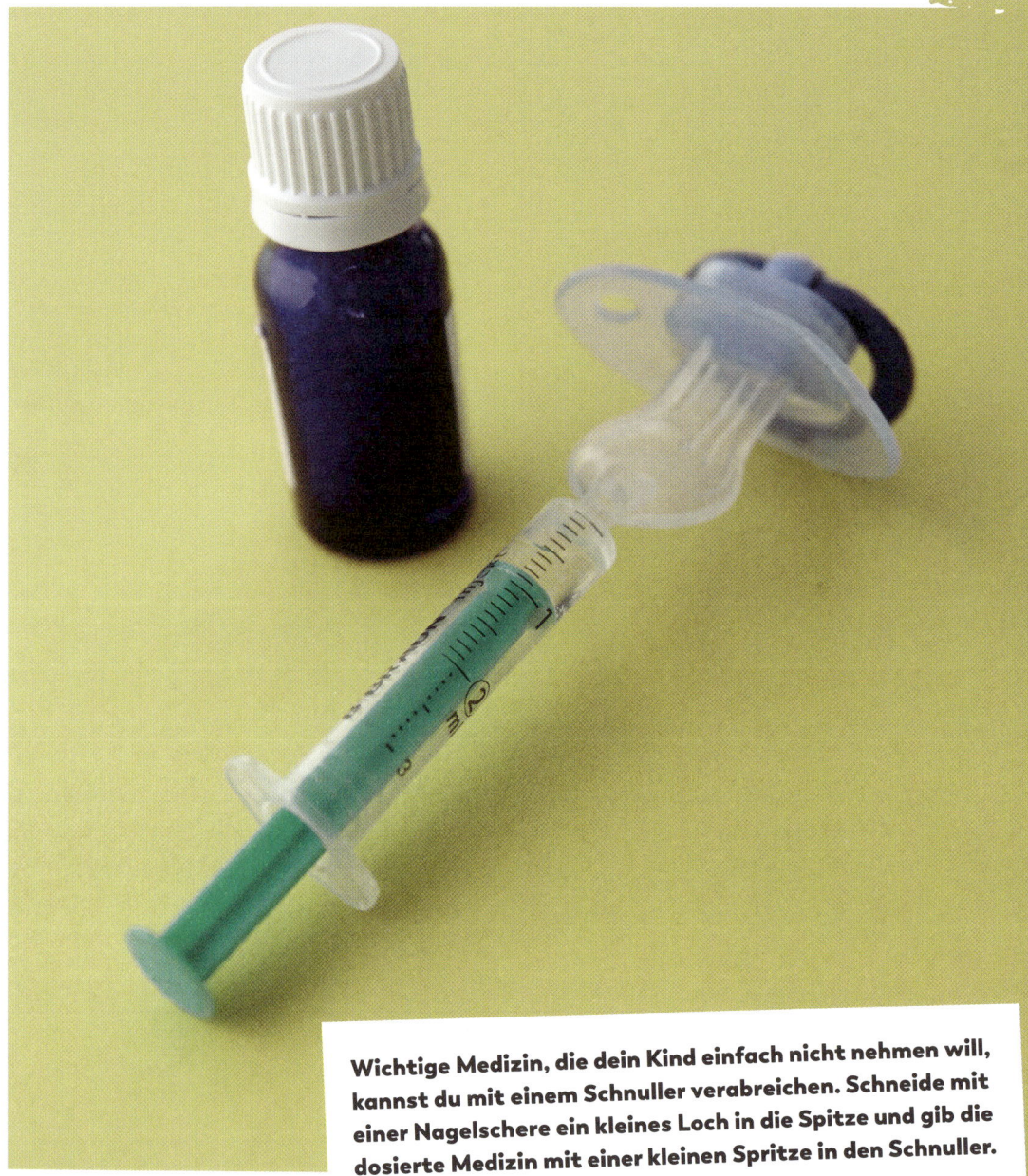

Wichtige Medizin, die dein Kind einfach nicht nehmen will, kannst du mit einem Schnuller verabreichen. Schneide mit einer Nagelschere ein kleines Loch in die Spitze und gib die dosierte Medizin mit einer kleinen Spritze in den Schnuller.

16
HAUTPFLEGE

Ein gutes Öl gegen juckende und spannende Haut in der Schwangerschaft findest du mit Weizenkeimöl im Bio-Supermarkt. Wer mag, peppt dieses mit etwas Mandelöl und/oder Jojobaöl auf und kreiert so eine ganz individuelle Mischung. Vermische das Öl in deinen Händen mit etwas Wasser zu einer Emulsion und reibe dich damit ein. Das spendet deiner Haut Feuchtigkeit, da das Öl das Wasser bindet.

Seite 12 verrät dir, wie du trockene Babyhaut mit Öl pflegen kannst.

BAUCHWEH ADE!

Entspanne bei Blähungen und Bauchschmerzen das Bäuchlein deines Babys, indem du sanft seine Knie zur Brust anhebst und leicht kreisen lässt. Zusätzlich kannst du das Bäuchlein etwas mit einem Kirschkernkissen wärmen oder sanft im Uhrzeigersinn um den Bauchnabel herum massieren.

Wenn Babys zahnen, beißen sie gerne auf Gegenständen herum. Lege einen Beißring in den Kühlschrank. Die Kälte beruhigt die schmerzenden Zahnleisten. Bei den ersten Zähnchen hilft auch ein Schnuller, den du mithilfe einer Spritze mit Wasser befüllst und einfrierst.

18

KÜHLUNG BEI ZAHNUNGS-BESCHWERDEN

19

BETTSCHLANGE MIT KNOPF

Diese Bettschlange ist Gold wert. Du kannst sie als Still-kissen oder Schlafhilfe verwenden oder als Schutzmauer einsetzen, um dein Baby außerhalb seines Bettchens sicher ablegen zu können, denn dank Knopf und Schlaufe verwandelt sich die Schlange in ein sicheres Nestchen. Wenn du ein bisschen mit der Nähmaschine umgehen kannst, ist diese Bettschlange ruckzuck aus einem alten Bettbezug selbst gemacht.

1 Nähe das Stoffstück (182 cm x 52 cm) an den Längs-kanten rechts auf rechts zusammen.

2 Lege die Kordel (ca. 10 cm lang) als Schlaufe mittig an eine schmale Kante zwischen die Stofflagen und nähe einmal an der Kante entlang, um die Seite zu schließen.

3 Die Bettschlange auf rechts wenden und mit dem Füllmaterial ausstopfen.

4 An der offenen Kante die Nahtzugabe nach innen schlagen und die Kante absteppen, damit sie geschlossen wird. Zuletzt den Knopf annähen.

Als Füllmaterial eignet sich das Innere aus drei günstigen Kissen (50 cm x 50 cm).

20

SCHNUFFELHASE

Einschlafen und beruhigen geht einfach viel besser, wenn man einen kleinen, kuscheligen Freund bei sich hat. Diesen niedlichen Schnuffelhasen kannst du ganz einfach aus einer schönen Socke machen.

1 Stopfe die Socke bis zur Ferse mit der Füllwatte aus.

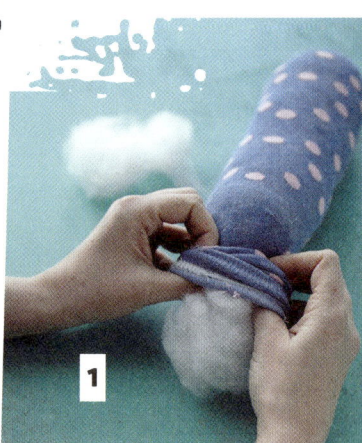

1

2

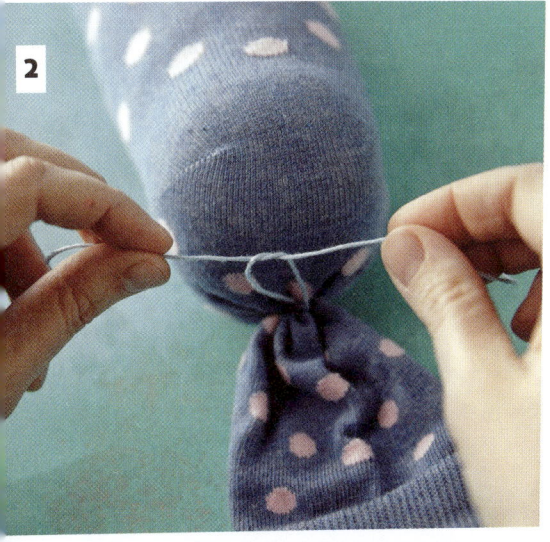

2 Binde nun die Socke über der Ferse mit der Wolle oder etwas Garn fest ab. Verknoten und abschneiden.

3 Lege für den Kopf das Satinband (30 cm lang) unterhalb der Ferse um die Socke und binde eine Schleife. Mit einem Knoten sichern.

3

4

4 Für die Ohren schneidest du die Socke vom Bündchen bis zum Kopf in zwei Hälften. Schneide jede Hälfte spitz zu – fertig ist der Schnuffelhase!

Wenn du magst, kannst du dem Häschen mit einem feinen Permanentmarker oder Stoffmalstift Schlafaugen aufmalen.

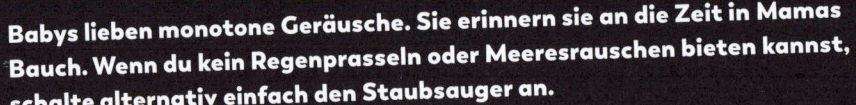

Babys lieben monotone Geräusche. Sie erinnern sie an die Zeit in Mamas Bauch. Wenn du kein Regenprasseln oder Meeresrauschen bieten kannst, schalte alternativ einfach den Staubsauger an.

Mit einem Föhn oder einer Waschmaschine funktioniert dieser Trick auch.

21
STAUBSAUGER ALS EINSCHLAFHILFE

22
HAND AUFLEGEN

Dein Kind schläft nur, wenn du ihm die Hand auflegst? Versuche es mal mit einem Handschuh, den du mit Reis füllst. Sobald dein Kind unterwegs ins Land der Träume ist, kannst du dich ganz leise aus dem Zimmer stehlen.

Dein Baby ist unruhig? Dann umgreife mit einer Hand seinen Unterschenkel. Streiche anschließend mit dem Daumen der anderen Hand von den Zehen zur Ferse und wieder zurück.

Wenn dein Baby diese Massage genießt, wird es ruhiger.

23

MASSAGE ZUR BERUHIGUNG

WARME BABYHÄNDE

Dein Kleines hat beim Schlafen immer kalte Hände? Dann kannst du etwas gegen die eisigen Fingerchen tun: Zieh deinem Baby einfach ein paar Babysöckchen über die Hände.

Kalte Hände sind bei Babys keine Seltenheit. Solange dein Baby im Genick wohlig warm ist, geht es ihm gut.

25

SELF-MADE
MAMASHIRT

Nähe dir im Handumdrehen ein Shirt, das dir optimale Bauchfreiheit bietet und trotzdem gut sitzt.

1 Wende das Herren-Shirt in passender Größe auf links und lege es Brust abwärts – also dort, wo sich deine Babykugel befindet – an beiden Seitennähten in gleichmäßigem Abstand in Falten.

2 Nähe an den Seitennähten einmal von oben nach unten entlang, damit die Falten fixiert werden.

Durch die Falten passt sich das Shirt wunderbar deinen Kurven an und steht unten nicht unschön ab.

Bei Hitzewallungen in der Schwangerschaft kannst du dir kurzfristig etwas Kühlung verschaffen, indem du deinen BH für einige Zeit in den Kühlschrank legst, bevor du ihn anziehst. Brrrr, was für eine Wohltat!

Wenn der BH leicht feucht ist, kühlt er noch besser.

26

COOLER BH

NOTIZEN

AHA!

Spätestens für die erste Zeit nach der Geburt brauchst du eine Hebamme, die dich und dein Kleines zu Hause betreut. Mach dich schon früh auf die Suche nach einer Hebamme für das Wochenbett, denn es kann je nach Wohnort zu Engpässen kommen. Außerdem hast du so die Möglichkeit, deine Hebamme persönlich kennenzulernen und herauszufinden, ob die Chemie zwischen euch stimmt. Wenn du dich auf den Besuch deiner Hebamme nach der Geburt freust, steigert das enorm dein Wohlbefinden! Die Suche nach einer Hebamme funktioniert sehr gut über die Landesverbände des deutschen Hebammenverbands, die du unter www.hebammenverband.de/verband/landesverbaende/ finden kannst.
Du kannst übrigens zu jedem Zeitpunkt deiner Schwangerschaft und während der gesamten Stillzeit mit einer Hebamme deiner Wahl in Verbindung treten und sie um Rat fragen!

Reinigen und Organisieren

Ordnung ist das halbe Leben. Die andere Hälfte besteht aus dem Beherrschen des Chaos. Aber keine Panik: Auch für diesen Bereich des Lebens gibt es Mittel, mit denen du ein wenig tricksen kannst. Lass dir zum Beispiel von deinen Kindern spielerisch beim Putzen oder Aufräumen helfen. Und wenn alles zu spät ist und die Schwiegereltern unangemeldet vor der Türe stehen? Überlege dir eine gute Ausrede. Wie wär's mit: „Schön, dass ihr da seid. Ich hoffe, das Durcheinander stört euch nicht, denn wir veranschaulichen unseren Kindern gerade die Chaostheorie!"

SPIELZEUGWÄSCHE

Nutze den Geschirrspüler, um die Spielsachen deines Kindes zu reinigen. Alles, was Wasser und eine Temperatur von 65 Grad aushält, kannst du einfach in die Maschine geben.

Auf Seite 46 erfährst du, wie du die Waschmaschine zum Reinigen von Spielsachen nutzen kannst.

Damit sich im Innern einer Badeente kein feuchtes Eldorado für Schimmel und andere Keime bildet, kannst du die Löcher in den Badetierchen einfach mit Heißkleber verschließen.

Hast du schon einmal überlegt, wie so eine süße Badeente nach einiger Zeit von innen aussieht?

29
KEIMFREIES BADESPIELZEUG

30

GERUCHSSTOPP

Unangenehme Gerüche, z.B. von Windeln, Erbrochenem oder anderen Dingen, kannst du mit feuchtem Kaffeepulver beseitigen. Einfach das Pulver an Ort und Stelle verteilen, bis die Gerüche verschwunden sind.

Wie du das getrocknete Pulver ganz einfach wieder entfernen kannst, erfährst du auf Seite 49.

Gras, Schlamm und Dreck: Kaum kann dein Kind krabbeln, zieren grün-braune Flecken die Knie seiner Hose. Gib etwas Butter auf die Flecken und behandle sie anschließend mit Seife und kochendem Wasser. Für diesen Trick wirst du vor allem bei größeren Kindern dankbar sein, wenn sie mit stark verschmutzten Fußballtrikots heimkommen!

Alternativ kannst du auch Gallseife ausprobieren.

31
GRASFLECKEN ENTFERNEN

AB IN DIE MASCHINE

Kleinteiliges Spielzeug kannst du in der Waschmaschine waschen. Packe die Steine einfach in einen Wäschesack, damit du sie mit einem Griff wieder aus der Maschine herausbekommst. Wenn die Steine in der Waschtrommel zu viel Lärm machen, kannst du noch ein paar Handtücher mitwaschen.

Statt Wäschesack funktioniert auch ein Kissenbezug mit Reißverschluss.

Ziehe zwei Spannbettlaken – getrennt mit einer Einmal-wickelunterlage – auf die Matratze des Kinderbetts. Damit erleichterst du dir das Wechseln der Laken mitten in der Nacht. Bei einem Pipi-Unfall einfach das schmutzige Laken und die Einmalwickelunterlage abziehen, und dein Kind kann auf dem trockenen Laken darunter weiterschlafen.

Das doppelte Laken eignet sich auch für Spuckkinder.

33
DAS BETT TROCKEN LEGEN

WÄNDE REINIGEN

„Kunstwerke" an den Wänden kannst du mit einem simplen weißen oder farblosen Radiergummi wieder entfernen.

Bei hartnäckiger Farbe kannst du es auch mit einem Microfasertuch und Spiritus versuchen. Da jede Wand, jede Farbe und jede Tapete anders ist, gilt: Immer erst einen Test an einer verdeckten Stelle machen.

Nimm eine Fusselrolle, um Kleinkram oder Schmutz, der am Boden liegt oder auf dem Tisch verschüttet wurde, schnell wieder aufzusammeln.

Bei größeren Sachen hilft dir dein Staubsauger. Lies dazu Seite 58.

35
PUTZEN MIT DER FUSSELROLLE

LUFTIGES PLÄTZCHEN

Badeenten und Co. bewahrst du am besten an einem luftigen Ort auf, wo sie gut trocknen können. Montiere eine Teleskopstange über der Badewanne oder in einer Nische und hänge kleine Körbchen mit Duschvorhangringen daran.

Auch Hängekörbe aus Draht, wie sie oft in der Küche benutzt werden, eignen sich super als Aufbewahrungsort für nasse Badeutensilien.

Mit dieser doppelten Box kannst du deine Stilleinlagen diskret aufbewahren und an Ort und Stelle entsorgen. Verbinde zwei leere Taschentuchboxen mit einem großen Gummiband. In die eine Box füllst du neue Stilleinlagen, in die zweite Box kannst du die gebrauchten werfen.

37

DOPPELBOX

Beschrifte die Schubladen und Fächer mit Aufklebern, auf die du malst, was jeweils hineingehört. So können schon kleine Krabbler mithelfen und Ordnung halten.

Schon relativ kleine Kinder können beim Aufräumen helfen.

38

KINDGERECHT BESCHILDERN

39
FACHMÄNNISCH

Mach die Organisation von Bauklötzen zum Kinderspiel, indem du die Steine übersichtlich in einer Schuhtasche aufbewahrst.

SEIFE LIMITIEREN

Begrenze den Seifenspender am Waschbecken, indem du ein Gummiband um den Hals der Pumpflasche wickelst.

Spanne ein großes Gummiband um die Klorolle, um sie vor ungewolltem Abwickeln zu sichern.

41
KLOPAPIER SICHERN

Kette in der Runterwerfphase das Trinkfläschchen am Hochstuhl an. Das spart dir lästiges Bücken und Aufheben und verhindert außerdem so manche Sauerei.

Wenn Kinder die Wirkung der Schwerkraft erkunden, wird alles einem Falltest unterzogen.

42

FLÄSCHCHEN AN DIE LEINE

ANTI-RUTSCH-BELAG

Male mit der Heißklebepistole kleine Punkte, Herzen, Sterne oder andere Muster auf die Sohlen von Socken oder rutschigen Hausschuhen.

Auch Plusterfarbe wirkt als Stopper. Die gibt es übrigens in vielen schönen Farben. Du kannst mit diesem Trick auch Strumpfhosen in Krabbel-Strumpfhosen verwandeln, wenn du Kleber auf die Füße und Knie gibst.

44

VORSICHT, VERSCHLUCKBARE KLEINTEILE!

Verschluckbare Kleinteile, die versehentlich auf dem Fußboden gelandet sind, kannst du schnell mit dem Staubsauger aufsammeln. Spanne einfach eine dünne Feinstrumpfsocke über das Rohr. Dann verschwindet nichts im Staubbeutel.

Du kannst die Socke auch mit einem Gummi fixieren, damit sie nicht eingesaugt wird.

Spanne einen Koffergurt um Bücher und Regal. So verhinderst du, dass die Bücher ständig ausgeräumt werden und auf dem Boden liegen.

Das funktioniert je nach Breite des Regals auch mit einem Gürtel oder einem Fahrradschlauch.

45
SICHERER ORT FÜR BÜCHER

46
KEINE SCHEREREIEN

Egal, wo du sie versteckst: Die Schere wird immer gefunden. Mach sie sicher, indem du sie mit einem Schloss abschließt.

Wenn die Arme noch zu kurz sind, kannst du mit einer Plastikflasche ganz einfach den Wasserhahn verlängern. Das verhindert waghalsige Kletteraktionen am Waschbecken.

Schneide in den Flaschenboden ein Loch in passender Größe und schiebe die Flasche auf den Hahn. Das obere Ende im Bogen abschneiden.

47
WASSERHAHN-VERLÄNGERUNG

Sichere Mehrfachsteckdosen oder Verlängerungskabel mit einer fest verschließbaren Kunststoffdose. Schneide in die beiden Schmalseiten der Dose mit einem Cutter oder einer Säge einen Schlitz, durch den die Stromkabel geführt werden können.

Sichert zweifach: Neugierige Entdecker können keinen Stromschlag bekommen, und deine Geräte werden nicht plötzlich abgeschaltet, weil jemand den Stecker zieht oder die Steckerleiste abschaltet.

48
KINDERSICHERE STROMVERSORGUNG

49
SPIEL-SCHUBLADE

Räume deine Frischhaltedosen und andere kindersichere Küchenutensilien in eine Schublade am Boden. In diesen darf dein Kind wühlen, während du das Essen zubereitest.

Bringe ein Spielzeug an der Seite an, damit die Schublade nicht ganz schließt. So werden keine Finger eingeklemmt.

50
KÜHLSCHRANK SICHERN

Wenn sich dein Krabbler gerne mal am Kühlschrank selbst bedient, sicherst du die Türe mit zwei aufklebbaren Haken und einem Haargummi.

NOTIZEN

Das Baby kommt bald. Schon daran gedacht, wie du der Welt seine Ankunft verkünden willst? Die letzten zwei, drei Schwangerschaftsmonate eignen sich bestens, um alles dafür vorzubereiten: Suche nach schönen Sprüchen, überlege dir einen netten Text, besorge die Materialien und bastle die Karten. Und hast du schon eine Idee fürs erste Babyfoto? Vielleicht benötigst du dafür auch noch ein paar Accessoires, die du jetzt schon organisieren kannst. Wenn du eine schöne Fotokarte als Geburtsanzeiger verschicken willst, kannst du diese vorab mit dem Programm eines Online-Fotobuchanbieters erstellen. Viele Anbieter bieten auch fertige Layouts an, in die du deine Fotos und deinen Text einfach einfügen kannst. Hier lohnt sich ein Vergleich.

Essgeschirr aus Melamin, Holz oder Bambus zerbricht nicht, wenn es herunterfällt.

Essen & TRINKEN

Beim Essen können die Kleinen manchmal ganz schöne Nervensägen sein. Nicht nur, dass der selbst gekochte und mit Liebe zubereitete Brei nicht schmeckt, meist wird die halbe Portion auch noch verkleckert oder auf dem Boden und der Kleidung verteilt. In diesem Kapitel findest du praktische Ideen für unterwegs und zu Hause, die garantiert allen schmecken.

Schneide ein altes T-Shirt am Rücken von oben bis unten auf und ziehe es deinem Kleinen beim Füttern an. Haargummis an den Ärmeln verhindern, dass die Arme schmutzig werden, wenn dein Kind tief in den Teller greift.

Auch eine super Malschürze beim Basteln und Klecksen!

52

T-SHIRT-LÄTZCHEN

53

WARME MILCH

Unterwegs kannst du die Milch im Fläschchen mit einer dicken Socke länger warmhalten.

Klappt auch mit einer warmen Mahlzeit im Gläschen.

Einem schlechten Esser kannst du kleine Häppchen in einem Eiswürfelbereiter anbieten. Die große Vielfalt macht neugierig und regt dazu an,
neue Dinge auszuprobieren. Außerdem ist immer alles schön sortiert.

Auch eine Muffinbackform eignet sich als Babybuffet.

54
FOODBAR

HONIGBROT FÜR KINDER

Streiche erst den Honig aufs Brot und dann die Butter darüber. So läuft der Honig nicht runter und die Finger werden nicht klebrig. Den Honig mit dem Messer gut in das Brot „einmassieren".

Honig ist Rohkost und wird darum nicht für Kinder unter einem Jahr empfohlen.

Bereite von jedem Gemüse, das du für dein Baby kochst, gleich eine große Portion für mindestens eine Woche zu und friere sie in babygerechten Portionen in einem Eiswürfelbereiter ein. So kannst du jeden Tag ganz leicht eine neue Mischung für den Brei zusammenstellen: 1 Würfel Karotte, 1 Würfel Pastinake, 2 Würfel Kartoffeln ...

Auch Fisch und Fleisch kannst du nach dem Pürieren einfrieren, um den Speiseplan zu ergänzen.

56

BREI AUF VORRAT

Öffne die oberen Laschen des Tretrapacks, damit dein Kind die Tüte besser halten und den Inhalt nicht durch den Trinkhalm rausdrücken und verschütten kann.

57
TRINKEN OHNE KLECKERN

GEMÜSE FÜRS KIND

Schlechten Gemüseessern kannst du das gesunde Grünzeug schmackhafter machen, indem du es in ansprechenden Formen servierst. Nimm deine Ausstechförmchen und stanze nette Motive aus Möhre, Gurke, Pastinake und Co. aus.

Als Rohkost oder auch gekocht ein Augenschmaus!

Ein Muffinförmchen am Eisstiel als Tropf-stopp bewirkt Wunder. So macht Eisessen allen Spaß!

Alternative für unterwegs: Hole dir beim nächsten Bäcker oder Schnellimbiss einen Coffee-to-go- oder Getränkebecher-Deckel und klemme ihn unter das Eis.

59 TROPFFREIER EISGENUSS

Lege die Apfelstücke in eine Schale, streue Salz darüber und spüle kurz mit Wasser nach. Der salzige Geschmack wird dadurch weggewaschen, aber die konservierende Wirkung des Salzes bleibt.

Du kannst die Schnittstellen auch mit Zitronensaft beträufeln. Allerdings schmecken die Äpfel dann leicht säuerlich.

60
NIE MEHR BRAUNE APFELSCHNITZE

Friere kleine Beeren in Eiswürfel ein und gib sie mit ins Glas. Das sieht nicht nur toll aus, sondern animiert auch schlechte Trinker, ihren Flüssigkeitsbedarf besser zu decken.

Auch ein Strohhalm im Glas sorgt für Abwechslung und erhöht den Spaß am Trinken.

61
COOLE DRINKS

Schneide Brote mit dem Pizzaschneider in kindermundgerechte Stücke.
Das geht viel leichter als mit Messer und Gabel und spart eine Menge Zeit.

Funktioniert auch mit Pfannkuchen und Co.

62
KLEINE HÄPPCHEN

63
FROZEN YOGHURT AM STIEL

Der einfachste Nachtisch, den du dir vorstellen kannst. Einfach die Deckel von kleinen Joghurtbechern oder Ähnlichem in der Mitte einritzen, einen Eisstiel hineinstecken und ab in den Gefrierschrank.

Am besten vor dem Verzehr kurz antauen lassen.

64
LOLLI-BOX

Wenn der angelutschte Lolli unbedingt für später aufgehoben werden soll, packst du ihn in ein leeres Überraschungs-Ei. Dann bleibt er sauber, bis er wieder gebraucht wird, und klebt nirgends fest.

Einfach unten ein Loch in den Behälter bohren und den Lolli durchstecken.

65
SCHMETTERLINGSTÜTE

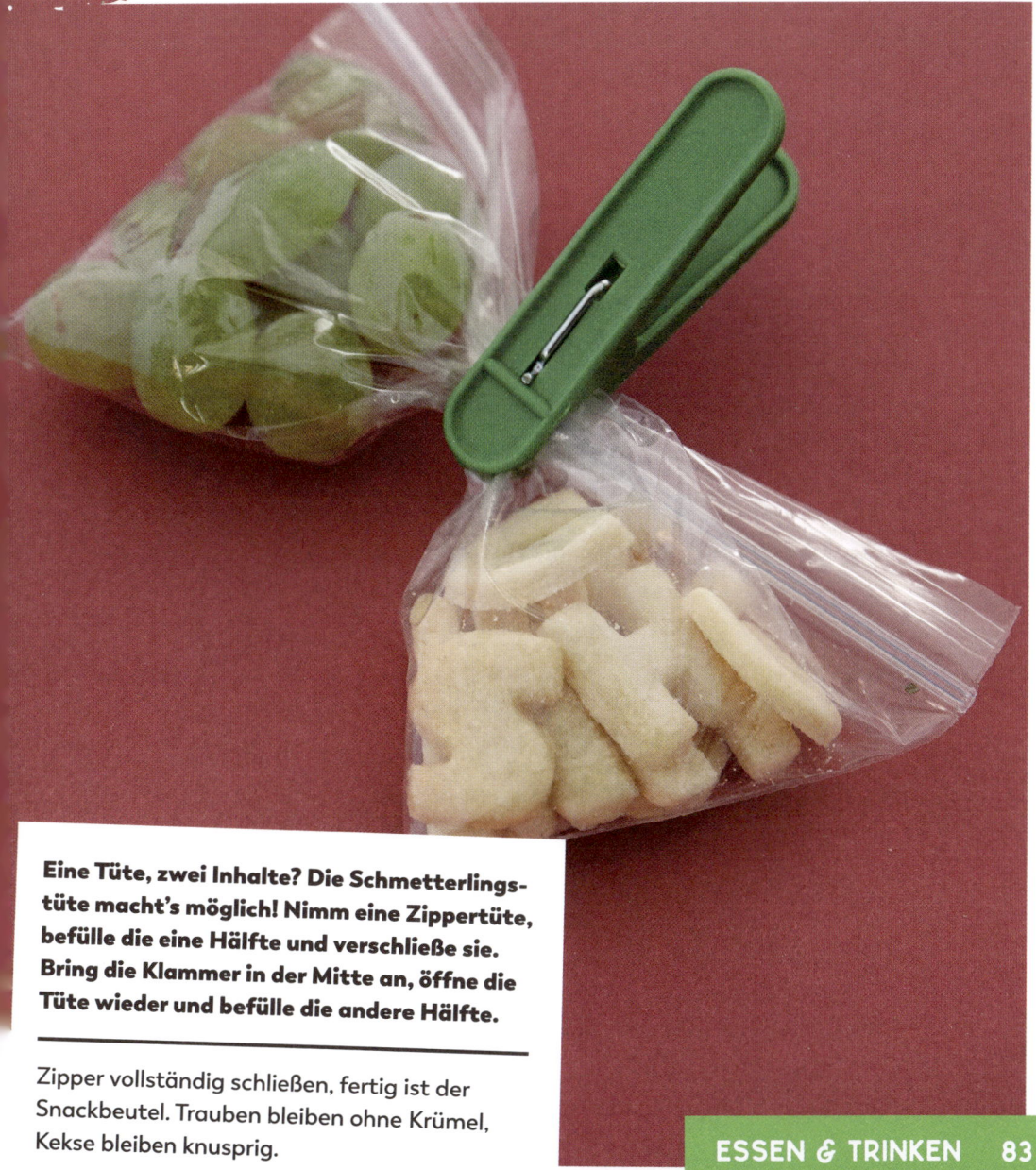

Eine Tüte, zwei Inhalte? Die Schmetterlings-tüte macht's möglich! Nimm eine Zippertüte, befülle die eine Hälfte und verschließe sie. Bring die Klammer in der Mitte an, öffne die Tüte wieder und befülle die andere Hälfte.

Zipper vollständig schließen, fertig ist der Snackbeutel. Trauben bleiben ohne Krümel, Kekse bleiben knusprig.

Aus Küchenschwämmen kannst du günstige Kühlakkus für die Pausenbox deines Kindes machen. Zuerst den Schwamm mit etwas Wasser vollsaugen lassen. Dann packst du ihn in eine kleine Zippertüte und sicherst den Verschluss zusätzlich mit Klebefilm. Bis zum Einsatz in den Gefrierschrank legen.

66

KÜHLAKKUS

67
WINDEL-EISKÜHLER

Keine Eistasche parat? Nimm eine Windel, fülle sie mit Wasser und lege sie über Nacht ins Gefrierfach. Am nächsten Tag um Flasche oder Snack wickeln oder einfach als Kühlakku mit zum Proviant geben. Unglaublich, wie lange die Windel die Kälte hält!

Eine kalte Windel ist auch ein super Kühlpad!

68
PRAKTISCHES TRINKGLAS

1

Verwandle ein simples Babygläschen in ein praktisches Trinkgefäß. Dank des Deckels haben Wespen und Co. keine Chance. Und der Inhalt wird auch nicht so schnell verschüttet!

1 Fixiere den Deckel eines leeren Babygläschens mit einer Schraubzwinge oder Klemme und bohre in die Mitte des Deckels mit einem Akkuschrauber mit Metallbohrer (Ø 8–10 mm) ein Loch.

2

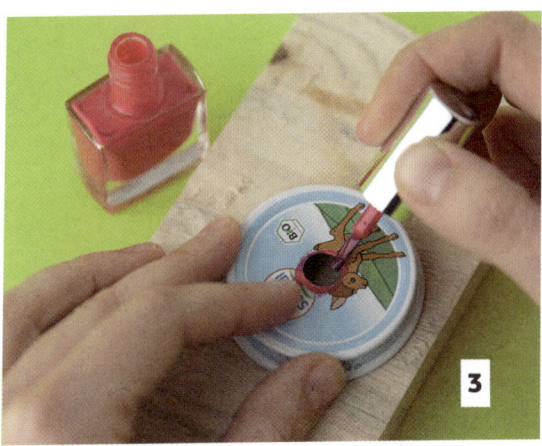

3

Lackiere die Schnittkante mit Nagellack, damit das Metall nicht rostet.

4 Besprühe den Deckel in einer Farbe deiner Wahl und lass die Farbe gut trocknen.

4

5

5 Den Deckel auf das Glas schrauben, den Trinkhalm auf die gewünschte Länge kürzen und in das Glas stecken. Fertig!

ENTSPANNTER ESSEN GEHEN

Nimm beim nächsten Restaurantbesuch eine Beschäftigungsbox für dein Kind mit. Packe Stifte und Papier oder Seiten aus Ausmalbüchern, Spielzeugautos, kleine Tiere, bunte Spielkarten und Bücher im Pocket-Format in eine Box. Damit kann sich dein Kind einige Zeit allein beschäftigen. Du kannst dir auch kleine Spiele mit den Sachen ausdenken. Verstecke ein Tier hinter deinem Rücken und lass dein Kind raten, in welcher Hand es ist, oder lass einen Gegenstand aus der Box verschwinden und dein Kind muss raten, was fehlt ...

Versteck die Box, wenn ihr zu Hause seid. Umso spannender ist es, wenn sie im Restaurant zum Einsatz kommt.

NOTIZEN

AHA!

Ein belegtes Brot ist ein Klassiker in der Kita-Box. Doch bei warmen Temperaturen wird der Belag schnell unappetitlich. Der Käse schwitzt, die Wurst läuft an und die Butter schmilzt. Abhilfe kannst du mit einem selbst gemachten Kühlakku (Hack 66) schaffen, den du morgens mit in die Box packst. Gegen geschmolzene Butter auf dem Brot hilft aber noch ein anderer Trick: Pack die Butter zum Brot einfach separat in die Box. Dann kann das Brot in der Pause frisch gestrichen werden. Butter in kleinen Portionen findest du im Kühlregal vieler Supermärkte.

Draußen und UNTERWEGS

Eine Kette aus Frühstückskringeln und Zahnseide hält dein Kind im Einkaufswagen bei Laune.

Ohne Kinder war das Leben irgendwie leichter. Da waren Schlüssel, Geldbeutel und Handy die einzigen Accessoires, die du wirklich immer bei dir haben solltest. Mit Baby oder Kleinkind sieht das anders aus. Windeln, Feuchttücher, Schnuller, Essen, Schmusetier, Sonnenschutz, Wechselkleidung ... Unglaublich, was jetzt alles in die Tasche gepackt werden muss. Mithilfe der Hacks in diesem Kapitel bist du gut für Ausflüge mit Kinderwagen oder Auto gerüstet. Und auch ein Tag am Meer wird mit ein paar Kniffen zu einem entspannten Erlebnis.

71

SAND DRAUSSEN HALTEN

Transportiere die Sandelsachen in einem Wäschesack, damit der Sand beim Trocknen herausrieseln kann.

Babys bekommen meist Sonnencreme mit mineralischen UV-Filtern. Diese verursachen auf Textilien Flecken, gegen die es einfach kein Mittel gibt. Am besten wirkt Prävention: Creme dein Kind erst ein und lass die Creme gut einziehen, bevor du es anziehst.

72 FLECKEN MIT SCHRECKEN

73
STILL-LOOP

Wenn du dich und dein Baby beim Stillen in der Öffentlichkeit vor neugierigen Blicken schützen willst, dann ist dieser Loopschal genau das Richtige. Beim Stillen kannst du ihn als Sichtschutz verwenden. Danach schlingst du ihn dir einfach als modisches Accessoire wieder um den Hals.

1 Lege die beiden T-Shirts aufeinander, sodass sie unten bündig sind. Schneide mit der Schere das obere Teil mit den Ärmeln ab.

2 Schneide beide T-Shirts an einer Seite entlang der Naht ab, sodass jeweils eine gerade Kante entsteht.

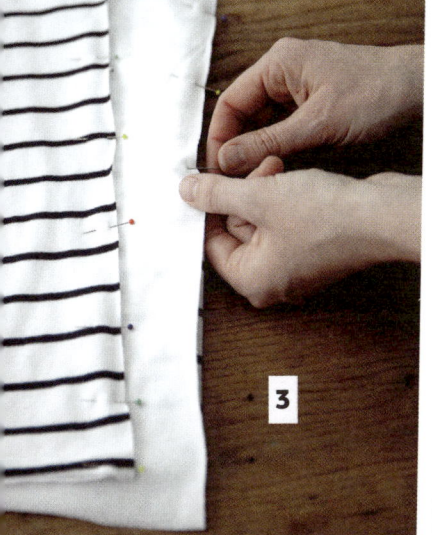

3 Stecke jetzt beide T-Shirts an den seitlichen Kanten rechts auf rechts aufeinander, sodass ein Loop entsteht, und nähe sie mit Geradstich (Stichlänge 3,5) zusammen. Fertig!

Wenn du magst, kannst du auch die untere Kante der T-Shirts abschneiden. Jersey franst nicht aus und muss daher nicht versäubert werden.

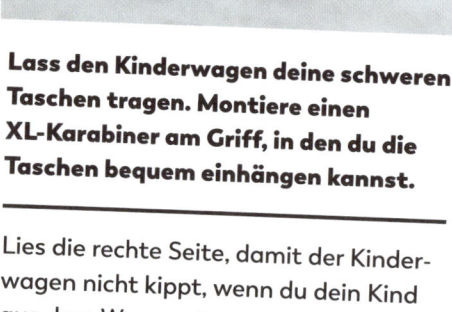

Lass den Kinderwagen deine schweren Taschen tragen. Montiere einen XL-Karabiner am Griff, in den du die Taschen bequem einhängen kannst.

Lies die rechte Seite, damit der Kinderwagen nicht kippt, wenn du dein Kind aus dem Wagen nimmst.

74

TASCHENTRÄGER

75
KIPPSCHUTZ

Solange dein Kind im Wagen sitzt, kannst du schwere Sachen an den Griff hängen. Damit der Wagen nicht kippt, wenn dein Kind aussteigt, kannst du vorn an den Rädern mit Gewichtsmanschetten ein Gegengewicht anbringen.

Bringe die Gewichte mit Klebeband an, dann kannst du sie jederzeit abnehmen und für dein eigenes Workout benutzen.

Klemme eine Baumwollwindel mit Vielzweckklemmen an den Kinderwagen, damit dein schlafendes Kind im Wagen vor der Sonne geschützt ist.

Anstatt einer Windel kannst du auch ein schönes Tuch nehmen.

76

SONNENSCHUTZ

Schneide ein Stück von einer Schwimmnudel bis zur Mitte auf und klemme es um den Griff des Babysafes, damit er beim Tragen sanft in deinem Arm liegt.

Verwende nach Möglichkeit eine Poolnudel, die in der Mitte ein Loch hat. Ansonsten kannst du die Poolnudel mit einem Messer etwas aushöhlen, damit sie besser um den Griff passt.

77
ARMSCHONER

78
WICKELN STATT STAPELN

1

So packst du Kinderkleidung optimal ein, um in der Wickeltasche Platz zu sparen.

---

1 Lege Body, Pullover, Hose und Co. flach aufeinander und schlage die Ärmel ein.

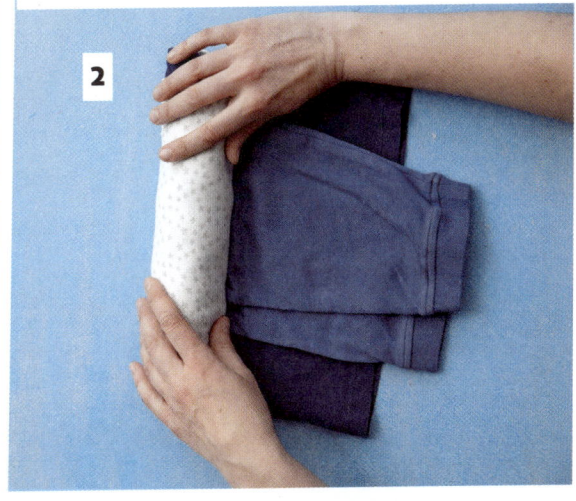

2

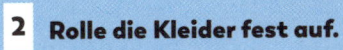

2 Rolle die Kleider fest auf.

3

3 Stülpe rechts und links eine Socke über die Rolle, um alles fest zusammenzuhalten. Und ab damit in die Wickeltasche!

So hast du die Wechselkleider in der Wickeltasche mit einem Griff parat.

TRINKFLASCHE ANGURTEN

Befestige bei längeren Autofahrten die Trinkflasche mit einem Band am Kindersitz. So kann sich dein Kind die Flasche selbst angeln, wenn sie runtergefallen ist, und du vermeidest gefährliche Manöver.

80
MÜLLSCHLUCKER FÜRS AUTO

Wohin nur mit dem Müll im Auto? Nimm eine Müsli-Box und stelle sie als Mülleimer in den Fußraum deines Autos.

Kosmetikeimer-Beutel passen perfekt in die Müsli-Box.

ALLES GRIFFBEREIT

Hänge eine Schuhtasche an die Rückenlehne des Vordersitzes, um auf der Fahrt Spiele, Getränke und Snacks für dein Kind griffbereit aufzubewahren.

Eine weitere tolle Idee mit einer Schuhtasche findest du auf Seite 53.

82
ZECKENKARTE SELBER MACHEN

Schneide einen schmalen, v-förmigen Keil aus einer Plastikkarte heraus, um Zecken sicher entfernen zu können.

Die Karte flach über die Haut schieben und die Zecke dabei seitlich in den v-förmigen Schlitz führen. Die Karte weiterschieben und dabei die Zecke vom Körper entfernen. Die Karte dient dabei als Hebel.

Dieses schattige Plätzchen im Freien ist
garantiert insektenfrei. Spanne einfach
ein Kinderbettuch über das Reisebett.

83
SCHATTEN-
PLÄTZCHEN

84
SCHLAUER PACKEN

Packe nach dem Einkauf immer Gleiches zu Gleichem in die Tasche: Tiefgekühlte und gekühlte Waren in eine Tasche, Obst und Gemüse in eine andere, nicht verderbliche Sachen in eine dritte etc. Wenn du vom Einkaufen zurückkommst und es zu Hause wieder schnell gehen muss, kannst du die Einkäufe nach Dringlichkeit in die Wohnung schaffen. Der Rest kann dann mit gutem Gewissen auf später warten.

Ein Wäschekorb im Kofferraum verhindert nicht nur, dass die Taschen umfallen, mit ihm kannst du auch viele Dinge auf einmal in die Wohnung tragen.

Das Wasser wartet, aber du hast die Schwimmwindel vergessen? Verwandle eine normale Windel in eine Notfall-Schwimmwindel.
Schneide die Windel an einem Ende mit der Schere vorsichtig auf.
Nimm die Füllung aus Zellulose und winzigem Granulat heraus, bis die Windel ganz leer ist.

Jetzt kann sich die Windel nicht mehr mit Wasser vollsaugen, hält aber wie eine Schwimmwindel dicht.

85
NOTFALL-
SCHWIMMWINDEL

Nimm ein großes Bettlaken mit an den Strand und schaffe damit für dich und deine Liebsten eine sandfreie Zone.

Stelle die Strandtaschen, Getränkeflaschen oder andere schwere Sachen in die Ecken des ausgebreiteten Lakens, damit es aufgespannt wird.

86
SANDFREIE ZONE

SICHERER MINI-POOL

Ein eigener Minipool direkt am Liegeplatz ist ein sicherer Ort für dein Klein-kind, wenn ihr am Meer seid. Nimm ein Stück Wachstischtuch oder eine feste Plane mit, die du im Sand in eine Vertiefung legst und mit Wasser füllst.

Hier kann dein Kind fröhlich matschen, während du dich entspannst.

Bastle für dein Kind, das gerade lernt, aufs Klo zu gehen, eine Reisetoilette fürs große Geschäft unterwegs. Packe ein Töpfchen, Windeln und Feuchttücher ein. Wenn dein Kind mal muss, legst du einfach die Windel ins Töpfchen.

Nach dem Geschäft alles in der Windel verpacken und die Windel wegwerfen. Weiter geht's.

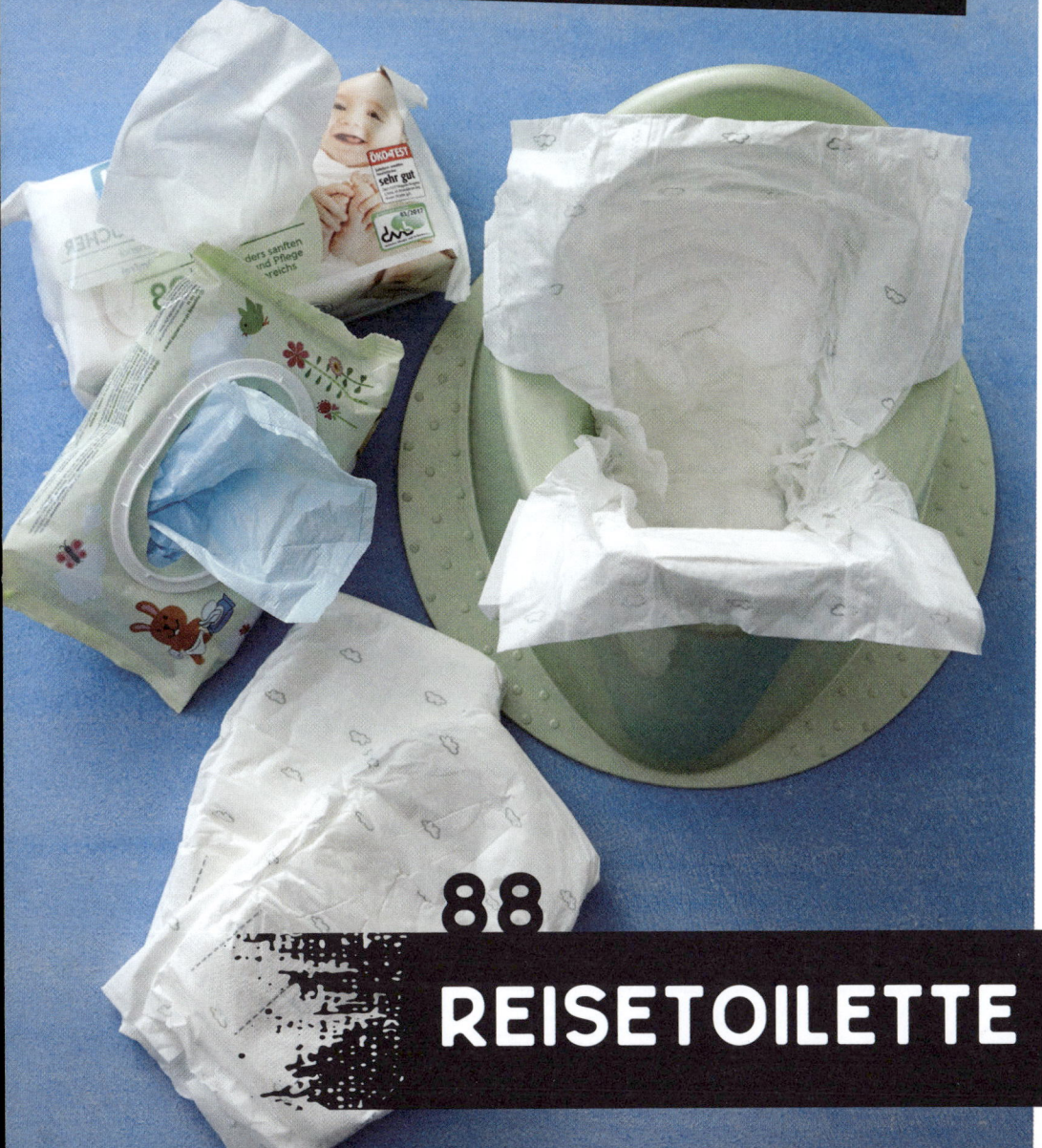

88
REISETOILETTE

MIT WINDEL GEGEN LANGFINGER

Packe deine Wertsachen in eine Windel und schmuddle die Windel etwas an, sodass sie wirklich gebraucht aussieht. Davon lassen selbst die fiesesten Diebe ihre Finger.

Auf dem Spielplatz, im Freibad oder am Strand: Dieser Trick wirkt überall.

NOTIZEN

AHA!

Beschäftige dein Kind, während es im Einkaufswagen sitzt, damit es dir nicht den ganzen Wagen
wieder ausräumt oder alles aus den Regalen zieht.
Eine Knabberkette (Hack 70) ist eine gute Idee.
Damit beim Familieneinkauf möglichst viel Platz
im Wagen bleibt, kannst du Taschen mit einer
Plastiktüte aus der Obst- und Gemüseabteilung
am Wagen festbinden. Und wenn du dann noch
nach der Kasse alles intelligent in deine Taschen
packst (Hack 84) und den Kinderwagen die schwere Last tragen lässt (Hack 74), wird auch der Trans-
port nach Hause ein Kinderspiel.

SPIEL und Spaß

Für eine Babyrassel steckst du einfach eine Walnuss in einen Schneebesen.

Babys wollen die Welt erobern. Spielerisch erkunden sie ihre Umgebung und suchen immerzu nach neuer Beschäftigung. Leider können Großeltern oder Freunde nicht immer da sein, wenn du mal was erledigen oder den Haushalt machen willst. Also brauchst du viele, viele Ideen, die dein Kind bei Laune halten und überdies deinen Geldbeutel schonen. Hier findest du Hacks, die dein Kind unterhalten und allen Spaß bereiten.

SEIFENBLASEN-STATION

Baue eine Seifenblasenstation, damit die Seifenblasenflasche nicht immer umfällt oder ausgeschüttet wird. Klebe den Behälter an einem senkrechten Rohr oder Pfeiler fest.

Nimm 200 ml Wasser, 60 ml Babyshampoo und 2–3 EL Sirup (z. B. Holunderblütensirup), um die Station nachzufüllen.

92

HOME-TIPI

Hänge ein Leintuch oder einen Bettbezug mit Wäscheklammern an einen Hula-Hoop-Reifen, den du mit einem Seil aufhängst. Darin kann man sich herrlich verstecken.

INDOOR-SPIELPLATZ

Stell ein aufblasbares Schwimmbecken als Indoor-Spielplatz auf. Darin kann sich dein Kind für eine ganze Zeit sicher beschäftigen.

Ein Mini-Pool ist für Babys ausreichend. Krabbler brauchen mehr Auslauf und ein Becken mit höherem Rand, den sie nicht übersteigen können.

94
KLETTERSEIL

Verwandle dein Tragetuch, wenn
es seine Dienste getan hat, in ein
Kletterseil. Mach dicke Knoten
in das Tuch und hänge es auf. An
dem Seil kann man auch prima
schaukeln.

TOLLES GREIFSPIEL

Knote Tücher, Bänder und Spielsachen an
einen Hula-Hoop-Reifen und gib ihn deinem
Baby zum Fühlen, Greifen und Erkunden.

Fülle einen großen Kissenbezug (am besten einen mit Reißverschluss) mit aufgeblasenen Luftballons. Auf dieser Matratze lässt es sich herrlich krabbeln, toben und das Körpergefühl trainieren.

Die Luftballons nicht zu fest aufblasen, damit sie nicht platzen.

96
BALLON-MATRATZE

97
SPIELTEPPICH IM HANDUMDREHEN

Befülle einen alten Geldbeutel mit Papiergeld, Tierbildern, Stickern, ausgestanzten bunten Papieren, Geschenkband, Pfeifenputzern und anderem Kleinkram. Das Ausräumen der Fächer ist eine spannende Beschäftigung für neugierige Entdecker.

Halte dein Kind mit einem Nudelsieb und ein paar bunten Pfeifenputzern bei Laune.

Variante für unterwegs: Eine leere Gewürzdose und kurze Pfeifenputzer kannst du überall hin mitnehmen.

99

STECKSPIEL

100
MALEN OHNE REUE

Setze dein Kind mit Stiften in einen großen Karton, den es dann bemalen darf.

ENTDECKERFLASCHEN

**Ein Fest für die Sinne: Befülle leere Halbliter-
flaschen aus Kunststoff mit bunten Federn,
Nudeln oder Wasser und Pompons.**

Damit die Deckel sicher verschlossen bleiben,
kannst du sie mit Heißkleber verkleben.

Fotografiere dein Baby einmal im Monat immer am gleichen Ort. Wähle dafür z. B. einen Vintage-Koffer. Du wirst staunen, wie schnell dein Kind aus dem Koffer herauswächst. Die so entstandenen Bilder kannst du dann als Fotoserie in einem Fotobuch festhalten oder als Fotokollage an die Wand hängen.

Auch von deinem wachsenden Babybauch kannst du mit diesem Trick eine schöne Fotoserie machen. Wähle dazu z. B. immer die gleiche Kleidung und denselben Hintergrund.

102
SCHÖNE BABYFOTOS MACHEN

103

KNOPFGREIFLING

Fülle Bälle in ein aufblasbares Babyschwimmbecken. So kann dein Kind entspannt zu Hause ein Bällebad nehmen. Das spart nicht nur den Weg ins nächstgelegene Fastfood-Restaurant, sondern auch die Kosten fürs Essen.

104
BÄLLEBAD ZUM SPARPREIS

105

HOPP, HOPP, HOPP ...

... Pferdchen lauf Galopp!
Aus einer Schwimmnudel kannst du ein tolles Steckenpferd basteln.

1 Leg den Bastelfilz (20 cm x 8 cm) doppelt und schneide die offenen Kanten spitz zu Ohren zu.

2 Die Ohren etwa 25–30 cm vom oberen Ende entfernt an die Schwimmnudel kleben. Die Nudel an den Ohren nach unten knicken und mit dem Dekoband festbinden.

Schneide zwischen Dekoband und Ohren einen etwa 2 cm tiefen Schlitz in die Schwimmnudel. Einen 10 cm breiten und entsprechend langen Streifen eines Mikrofasertuchs in gleichmäßigem Abstand einschneiden und als Mähne in den Schlitz kleben.

4 Klebe die Wackelaugen an den Kopf.

MALTISCH

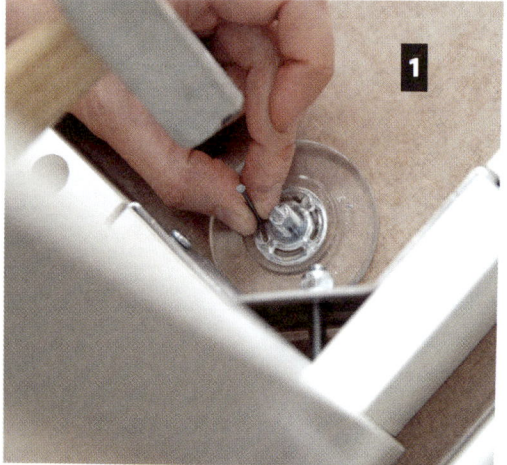

1

So sorgen ein normaler Kindertisch, ein Teleskop-Handtuchhalter mit Saugnäpfen und eine Papierrolle für endlosen Malspaß!

---

1 Markiere die Position des Handtuchhalters auf der Unterseite der Tischplatte. Baue den Handtuchhalter auseinander. Setze die Saugnäpfe auf der markierten Stelle auf und fixiere sie mit ein paar Nägeln.

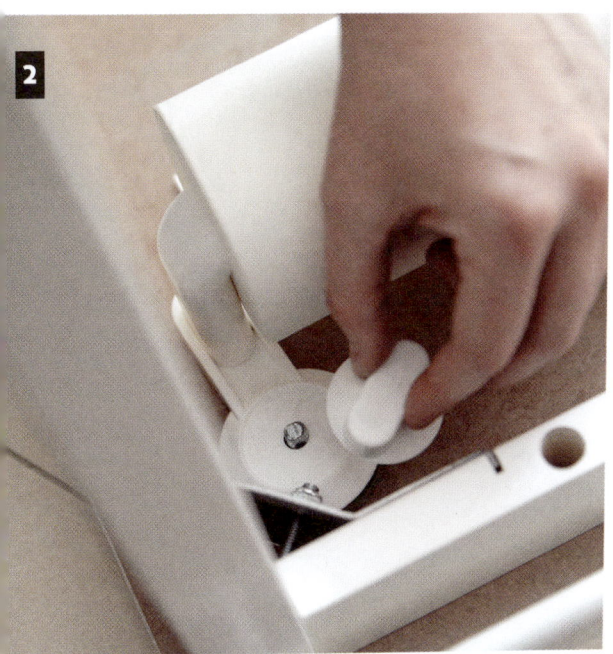

2 Stecke die Papierrolle auf den Handtuchhalter, baue ihn wieder zusammen und schraube ihn an den Saugnäpfen fest.

3 Spanne das Papier über die Tischplatte und fixiere das lose Ende mit den Tischdecken-Klammern an der Tischkante.

4 An die Stifte, fertig, los!

DECKEL-MEMORY

Besprühe eine gerade Zahl Gläschendeckel auf der Oberseite mit Farbe, sodass sie alle gleich aussehen. Auf der Unterseite der Deckel klebst du immer zwei gleiche Motive auf. Umdrehen, mischen, und los geht's!

Als Motive eignen sich Sticker, die du im Doppelpack kaufst.

Wenn die Hände noch zu klein sind, um die Karten auf der Hand zu halten, hilft ein Eierkarton.

Schneide die Vertiefungen mit dem Messer schräg ein und stecke die Spielkarten hinein.

108
KARTENHALTER

SPIELKÜCHE

Verwandle einen simplen Hocker in einen Herd. Male runde Kreise als Herdplatten auf die Sitzfläche, schraube rote Flaschendeckel als Drehknöpfe an und klebe seitlich ein paar Haken für Topflappen, Handtuch und Co. auf. Für die Ablage feste Pappe zuschneiden und auf die Leisten zwischen den Beinen legen.

Die untere Ablage kann auch als Backofen benutzt werden!

Bringe Klebefilm auf den Lautsprechern musizierender Spielzeuge an, dann ist der Sound leiser.

110
GERÄUSCHPEGEL REDUZIEREN

Eine gute Idee, um Gläschendeckel zu recyceln: Schlage mit Hammer und Nagel Löcher in die Mitte der Deckel und fädle sie auf reißfeste Paketschnur auf. Dabei vor und nach jedem Deckel einen Knoten in die Schnur machen und dicht an den Deckel schieben, damit scharfe Kanten an den Löchern verdeckt werden.

Du kannst die Löcher auch mit einer Nagelfeile etwas glätten.

111
DECKELRAUPE

NOTIZEN

Wenn du im Restaurant bist, beim Arzt wartest, im Zug sitzt oder zu Hause in Ruhe ein wichtiges Telefonat führen musst, kannst du dein Kind mit einer Beschäftigungsbox (Hack 69), einer Geldbörse mit spannenden Dingen (Hack 98) oder einem Steckspiel (Hack 99) beschäftigen. Mit diesen „Überlebenssets" lässt sich prima eine gewisse Zeit überbrücken.

Auch Smartphones und Tablets können dir manchmal das Leben retten. Sie haben eine magische Anziehungskraft auf Babys und kleine Kinder, und weil man damit ja auch telefonieren kann, hat man sie immer und überall griffbereit. Smartphone und Co. sollten aber nicht zum elektronischen Babysitter für dein Kind werden, sondern die Ausnahme bleiben, und schau dir die Filme, Clips und Apps vorher an, bevor du sie deinem Kind zeigst. Toll für die Kleinsten sind z. B. liebevoll gemachte Kinderbuch- oder Mal-Apps.

CHECKLISTEN

BABYS ERSTAUSSTATTUNG

KLEIDUNG

- [ ] 4–6 Langarmbodys in Größe 56, am besten Flügelbodys, die leicht an- und auszuziehen sind
- [ ] 4–6 Strampler in Größe 56 (am besten mit Füßchen, weil Babys die Söckchen schnell verlieren)
- [ ] 4–6 langärmelige Oberteile (Shirts, Pullover oder Flügeljäckchen) in Größe 56, die leicht an- und auszuziehen sind
- [ ] 2 Erstlingsmützen aus Baumwolle oder Wolle (je nach Jahreszeit)
- [ ] 2 Paar wärmende Socken
- [ ] 2 einteilige Schlafanzüge mit Wickelklappe in Größe 56

FÜR WINTERBABYS

- [ ] 2 Strumpfhosen in Größe 56–62
- [ ] warmer Overall (mit Füßchen, Fäustlingen und Kapuze) in Größe 56–62

PFLEGE UND GESUNDHEIT

- ☐ Windeln für Neugeborene (kleinste Größe, ruhig 2–3 Packungen)
- ☐ Baby-Feuchttücher (in der XL-Sparpackung, denn du wirst sehr viele davon brauchen, solange dein Baby in den Windeln steckt)
- ☐ 2 weiche Waschlappen
- ☐ gepolsterte Wickelauflage
- ☐ 2 Moltontücher als Schutz für die Wickelauflage
- ☐ kleiner Mülleimer mit Deckel für die Windeln
- ☐ Badethermometer für die richtige Wassertemperatur
- ☐ Wundcreme für den Windelpopo
- ☐ Wärmekissen (z. B. Kirschkernkissen), falls dein Baby Bauchweh oder Blähungen hat
- ☐ digitales Fieberthermometer

NICE TO HAVE

- ☐ Wickeltisch oder Wickelkommode (du kannst die Wickelauflage aber auch einfach auf den Boden, aufs Bett, den Tisch oder das Sofa legen)
- ☐ Babybadetuch mit Kapuze
- ☐ Baby-Nagelschere
- ☐ Baby-Haarbürste mit weichen Borsten

CHECKLISTEN

STILLEN

- ☐ 6 Spucktücher
- ☐ 3 Still-BHs
- ☐ Stilleinlagen

Nice to have

- ☐ Stillkissen (Es macht dir das Anlegen deines Babys bequemer, entspannt beim Stillen deinen Nacken und entlastet deine Schulter- und Rückenmuskulatur.)
- ☐ Still-Tops
- ☐ Nachthemd oder Schlafanzug mit Knopfleiste, die sich bis über die Brust öffnen lässt (Sie erleichtert das Anlegen bei Nacht.)
- ☐ Milchpumpe, Fläschchen und Co. (Wenn du weißt, dass du nicht immer da sein kannst, wenn dein Baby Hunger hat.)
- ☐ Stilltee (Er harmonisiert, wenn die Hormone sich nach der Geburt umstellen, und fördert die Milchbildung.)

WENN DU NICHT STILLST, SOLLTEST DU DIR FOLGENDES ANSCHAFFEN

- ☐ 6 Spucktücher
- ☐ 4 Milchfläschchen aus Glas oder Plastik
- ☐ Flaschenbürste
- ☐ Milchsauger aus Silikon oder Latex, Größe 1
- ☐ Baby-Anfangsnahrung

Nice to have

- ☐ Sterilisator
- ☐ Thermoskanne, um abgekochtes Wasser mit Trinktemperatur warm zu halten

SCHLAFEN ✓

- ☐ Baby- oder Beistellbett mit Matratze
- ☐ 2 Matratzenschoner, z. B. wasserdichte Unterlage oder Einmalwickelunterlage
- ☐ 2 passende Spannbetttücher
- ☐ 1–2 Babyschlafsäcke, Größe 56–62

Nice to have

- ☐ quadratische Babydecke zum Pucken, ca. 80 cm x 80 cm bis 100 cm x 100 cm (Du kannst sie auch als Babydecke für unterwegs verwenden.)
- ☐ Schnuller
- ☐ Babyphone
- ☐ Nachtlicht (Damit du nachts dein Schlafzimmer nicht hell erleuchten musst, wenn du zum Stillen/Füllen aufstehst.)

UNTERWEGS ✓

- ☐ Kinderwagen mit Babytasche/Babywanne, Regen- und Sonnenschutz
- ☐ Babyschale fürs Auto
- ☐ Babydecke oder Kinderwagensack für Kinderwagen (je nach Jahreszeit dick oder dünn)
- ☐ Babydecke für Babyschale (je nach Jahreszeit dick oder dünn)
- ☐ geräumige Tasche als Wickeltasche (Am besten eine, die du geschickt an den Kinderwagen hängen kannst.)
- ☐ Wickelunterlage (z. B. Moltontuch, Einmalwickelunterlagen oder Reisewickelauflage)

Nice to have

- ☐ Tragetuch oder Babytrage (Auch zu Hause sinnvoll, wenn das Baby unruhig ist.)
- ☐ Sonnenblenden fürs Auto
- ☐ Reisebett (Für alle, die viel unterwegs sind.)
- ☐ Fahrradanhänger mit Babyeinsatz (Für alle, die viel Rad fahren.)

REGISTER

REGISTER

DIE AUTORIN

SUSANNE PYPKE

arbeitet als freie Lektorin und Kreativ-Autorin. Ihre Leidenschaft für das Selbermachen hat sie schon früh entdeckt. Ob Stricken, Nähen, Häkeln, Basteln oder Upcycling – nichts war schöner, als an Regentagen kreativ zu sein, in Mamas Nähkästchen zu kramen oder die Gerätschaften in Papas Werkstatt auszuprobieren. Und das hat sich bis heute nicht geändert, nur dass sie nun in den eigenen vier Wänden ihren Ideen freien Lauf lässt. Mit ihrem Mann und ihren zwei Kindern Justus und Ruben lebt sie im Stuttgarter Westen, wo sie ihr Können in zahlreichen DIY-Projekten umsetzt. Ihre beiden Jungs halten sie dabei ganz schön auf Trab und inspirieren sie zu immer neuen Ideen mit Kindern und für Kinder. Neugierig geworden? Einen kleinen Ausschnitt von ihren Ideen findest du auf ihrem Kreativblog fraeuleinfloh.blogspot.de.

#TOPPPROJEKT

Die eigene Kreativität zeigen: TOPPprojekt mit anderen Kreativen teilen und Teil der Gemeinschaft werden.

DIY-begeistert und auf Instagram? Dann unbedingt mitmachen! Hier gibt's Tipps und Feedback zu den eigenen Projekten. Außerdem verlosen wir jeden Monat ein Überraschungspaket. Um am Gewinnspiel teilzunehmen, einfach ein Bild vom Kreativ-Projekt aus unseren Büchern mit #TOPPprojekt posten und unserem Account @frechverlag folgen. Mehr Infos auf TOPP-kreativ.de/TOPPprojekt

Mach mit beim
#TOPPPROJEKT
#TOPPprojekt
@frechverlag

Website
Auf TOPP-kreativ.de kannst du ein riesiges Angebot von über 1.000 Kreativbüchern, Sets & mehr entdecken.

Newsletter
Gleich anmelden unter: TOPP-kreativ.de/newsletter und immer als Erstes von unseren Neuheiten und Sonderaktionen erfahren.

Instagram
@frechverlag

DigiBib
Hier findest du zusätzlich zu vielen unserer Bücher digitale Extras, wie Video-Tutorials, Plotter-Dateien, Vorlagen, Übungsblätter & vieles mehr. Einfach im Impressum deines TOPP-Buchs den Freischalte-Code nachschlagen und exklusive Inhalte freischalten. TOPP-kreativ.de/digibib

Pinterest
pinterest.com/frechverlag

Facebook
facebook.com/frechverlag

Youtube
youtube.com/frechverlag

Wer wir sind, wie wir arbeiten, was wir lieben ...

Auf Instagram, Facebook und Pinterest findest du mehr über uns und unsere Arbeit und wirst immer schnell und einfach mit den neuesten Infos versorgt.

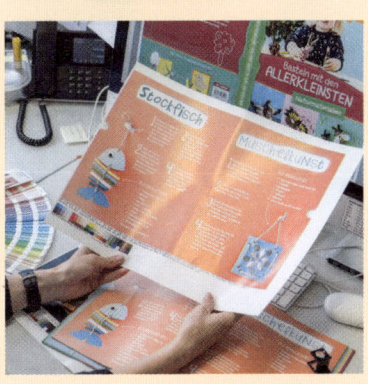

Alle News, alle Infos und alle Links findest du auf www.TOPP-kreativ.de

Buchempfehlungen für Dich

Noch mehr Trick 17-Hacks gesucht?

ISBN 978-3-7724-4582-8

ISBN 978-3-7724-4601-6

ISBN 978-3-7724-4580-4

ISBN 978-3-7724-4581-1

ISBN 978-3-7724-4579-8

ISBN 978-3-7724-4634-4

ISBN 978-3-7724-4631-3

ISBN 978-3-7724-7186-5

ISBN 978-3-7724-4976-5

Viele weitere Kreativ-Bücher findest du auf www.TOPP-kreativ.de

Buchempfehlungen für Dich

Noch mehr Trick 17-Hacks gesucht?

ISBN 978-3-7724-4578-1

ISBN 978-3-7724-4577-4

ISBN 978-3-7724-4835-5

ISBN 978-3-7724-4707-5

ISBN 978-3-7724-4522-4

ISBN 978-3-7724-4547-7

ISBN 978-3-7724-7181-0

ISBN 978-3-7724-4633-7

ISBN 978-3-7724-7155-1

Buchempfehlungen für Dich

Noch mehr Kreativ-Bücher gesucht?

ISBN 978-3-7724-4483-8

ISBN 978-3-7724-4484-5

ISBN 978-3-7724-4369-5

ISBN 978-3-7724-4652-8

ISBN 978-3-7724-4485-2

ISBN 978-3-7724-4657-3

ISBN 978-3-7724-4571-2

ISBN 978-3-7724-4629-0

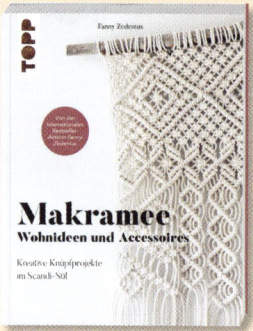

ISBN 978-3-7724-4594-1

Viele weitere Kreativ-Bücher findest du auf www.TOPP-kreativ.de

Buchempfehlungen für Dich

Noch mehr Kreativ-Bücher gesucht?

ISBN 978-3-7724-4521-7

ISBN 978-3-7724-4550-7

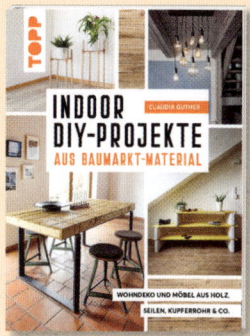

ISBN 978-3-7724-7169-8

ISBN 978-3-7724-4561-3

ISBN 978-3-7724-4637-5

ISBN 978-3-7724-4951-2

ISBN 978-3-7724-4488-3

ISBN 978-3-7724-4448-7

ISBN 978-3-7724-4453-1

IMPRESSUM

FOTOS: frechverlag GmbH, 70499 Stuttgart; Fotostudio lichtpunkt, Michael Ruder, Stuttgart
ILLUSTRATIONEN: Ludmila Blum
PRODUKTMANAGEMENT: Melissa Portz
HERSTELLUNG: Konstanze Laue
SATZ: Fotosatz H. Buck, Kumhausen
DRUCK UND BINDUNG: PNB Print Ltd, Lettland

Überarbeitete Neuauflage von TOPP 7784 Trick 17 Schwangerschaft und Baby

1. Auflage 2022

© 2022 frechverlag GmbH, Turbinenstraße 7, 70499 Stuttgart

ISBN 978-3-7724-4638-2 • Best.-Nr. 4638